AF340063

NOTICE

SUR LA

MAISON DE BOUTERY.

NOTICE

SUR LA

MAISON DE BOUTERY,

PAR

UN GENTILHOMME PICARD,

AUTEUR

DU

TRÉSOR GÉNÉALOGIQUE DE LA PICARDIE.

AMIENS,

Imprimerie de Vᵉ HERMENT, place Périgord, 3.

—

1860.

A Maison de Boutery a occupé au Moyen-âge un rang distingué dans la noblesse du Vimeu. Cependant elle n'est citée dans aucun des travaux qui ont été faits sur la Picardie ; elle est même, il faut le dire, totalement inconnue aux généalogistes.

Éteinte brusquement au xvᵉ siècle, alors qu'elle ne cessait de croître en renommée, en honneurs et en puissance, la Maison de Boutery ne devait pourtant pas disparaître entièrement. Son histoire se rattache à celle de son pays, le Vimeu. Les documents qu'elle nous a laissés, comme de curieux souvenirs de son existence, intéressent à plus d'un titre quelques-unes des plus anciennes familles du Ponthieu, dont plusieurs subsistent encore. Pour ce motif seulement, le nom de Boutery méritait d'être tiré de l'oubli. Nous avons donc tenté de faire sortir de leurs tombeaux ces valeureux chevaliers, ces puissants seigneurs endormis depuis quatre siècles, en réunissant dans une courte notice tous ceux de leurs titres que la main du temps, ou celle plus impitoyable des hommes, a épargné. A défaut d'autre mérite, on ne pourra du moins contester à notre travail celui d'une exactitude sévère, de la plus scrupuleuse authenticité.

Un Gentilhomme Picard.

L est toujours difficile de déterminer d'une manière exacte quelles furent les armes d'une maison, à l'époque reculée à laquelle il faut remonter pour trouver celles des seigneurs de Bou-tery. Heureusement qu'ici les documents contemporains ne nous feront pas défaut.

Deux sceaux en cire rouge, presqu'intacts, de 1369 et de 1370, conservés à la bibliothèque impériale, section des manuscrits, l'un dans les titres scellés de Clérembault, l'autre dans les dossiers du cabinet des titres, attestent d'une manière irréfragable les pièces qui chargeaient l'écu des Boutery : ils portent trois bouteilles placées 2 et 1, ce qui constitue, pour ainsi dire, ce que l'on appelle des armes parlantes. Dom Villevieille, dans son curieux Trésor généalogique, confirme ces deux premières preuves en décrivant un sceau pendant à une pièce du 15 novembre 1412, qui était déposée avant 1793 dans le précieux char-

trier du marquis de Chepy, à Huppy : il dit que sur l'é-
cusson on remarque trois bouteilles, 2 et 1.

Il est donc certain que les armes des Boutery étaient
des bouteilles. Mais quels furent les émaux et les couleurs
de l'écu, c'est ce qu'il sera plus difficile de déterminer,
car ici les documents sont en contradiction les uns avec
les autres.

Carpentier, dans son Histoire du Cambrésis (1), et d'a-
près lui M. de l'Esperon, dont les travanx ont été réunis
à la vaste collection de Dom Grenier (2), ont écrit que la
Maison de Boutery portait « d'argent à trois bouteilles de
gueules » et qu'elle était originaire de la province dont
Carpentier fut l'historiographe. Il est impossible de savoir
sur quels fondements repose l'assertion des deux écri-
vains. Tout au contraire, on lit dans un Armorial ma-
nuscrit de 1406, un des plus anciens que l'on connaisse,
divisé par provinces, qui sont elles-mêmes partagées en
Chevaliers-Bannerets et Chevaliers-Bacheliers, on lit que
« Messire Jehan Butery *(sic)*, » Chevalier-Bachelier du
Ponthieu, s'armait « d'argent à trois bouteilles d'azur (3). »
Or, l'auteur de cet Armorial ne cite que les seigneurs les
plus distingués, possédant par conséquent une notoriété
qui ne permettait pas d'erreur en matière aussi importante
que l'était au Moyen-âge le blason, c'est-à-dire la plus

(1) Hist. du Cambrésis, noblesse, 3ᵉ partie.

(2) Mss. de l'Esperon. — Collect. de D. Grenier, pag. 17, art. 16,
vol. 131, fᵒ 335.

(3) Bibl. imp. Mss. 254-24. Suppl. Franç., fᵛ 108.

grande richesse d'une maison, la clef qui lui ouvrait les barrières des champ-clos, le seul mais infaillible moyen pour le héraut habile de percer le plus sévère incognito ; il n'a pas compilé pour son recueil ceux de ses prédécesseurs ; il n'a pas interrogé les monuments du passé. Son livre avait alors ce que l'on nomme aujourd'hui de l'actualité ; c'était un catalogue de ses contemporains. Le Jean Butery qu'il cite était Messire Jehan Boutery, chevalier, vicomte de Maisnières et de Cambet, seigneur de Huppy, dont il sera parlé à son rang.

Dans le célèbre Armorial du héraut Berry, qui procède à l'inverse de celui de 1406, en remplaçant les définitions héraldiques par des armoiries, grossièrement, mais fidèlement retracées, on trouve un écu d'argent à trois bouteilles d'azur, 2 et 1, sur lequel est écrit : « iceulx de Boutery » (1) ; c'est-à-dire que telles étaient les armes de tous ceux qui portaient le nom de Boutery. Loin d'être complet, cependant l'Armorial de Berry fait autorité, et ses jugements doivent être considérés comme sans appel. Il est donc bien plus rationnel de s'en rapporter, pour se créer une opinion basée sur des fondements solides, aux autorités et aux preuves contemporaines qu'à des assertions, peut-être purement imaginaires, comme celles de l'Esperon et de Carpentier. L'Esperon n'est d'ailleurs que le plagiaire sans commentaire de tous les généalogistes dont les écrits lui tombaient sous la main : quant à Jean Carpentier ou Charpentier, les origines fabuleuses qu'il

____

(1) Bibl. imp. Mss. Fonds Colbert, 9653-55, f° 44.

accorde à un grand nombre de familles, dans son Histoire de Cambrai et du Cambrésis, le rendent à notre avis sujet à caution, et devraient lui retirer un peu de la confiance qu'on se plait à accorder au livre qui fait sa réputation.

Il nous paraît à présent incontestable et suffisamment justifié que les armes des seigneurs de Boutery étaient rois bouteilles, et que ces bouteilles étaient « d'azur en champ d'argent. »

I.

Jehan Boutery, seigneur de Bommy, est le plus ancien personnage de ce nom, que nous ayons pu retrouver, doit-il être regardé comme le chef de sa maison? On l'ignore. On sait seulement qu'il possédait aux environs de Thérouane la seigneurie de Bommy. Il serait permis, peut-être, sur cette simple indication, de déclarer les Boutery originaires de la partie de l'Artois qui forme aujourd'hui le département du Pas-de-Calais, mais la preuve en serait difficile à fournir. La famille de Boutery pouvait fort bien avoir pris naissance en Vimeu, tandis qu'un de ses membres, par mariage ou par achat, se serait établi à Bommy.

Jehan Boutery n'est d'ailleurs connu que par un acte unique. En juin 1226 il consentit à la vente de la dîme de Bommy, tenue de lui, comme seigneur du lieu, pour la fondation de la chapelle de St-Denis, dans l'église de Thérouanne (1). L'acte ne donne aucun renseignement de plus

(1) Cartulaire de l'évêché de Thérouanne à Boulogne, XIVe siècle. — Trés. généal. de D. Villevieille, à la bibl. imp.

sur lui, il constate seulement son existence et sa noblesse antérieure au premier anoblissement connu.

II.

Jehan BOUTERY, chevalier, sire de Mareuil, fut, selon nous, le véritable chef de sa maison, la tige de l'arbre généalogique, puisqu'il est le premier que l'on trouve en Vimeu, et au rang de la haute noblesse de ce pays. La terre de Mareuil, dont on le voit propriétaire, était une chatellenie, et l'une des seigneuries les plus importantes du Ponthieu. Le seigneur de Mareuil ne relevait que du roi de France ou du comte de Ponthieu. Il comptait de nombreux vassaux dans la plupart des gentilshommes d'alentour ; ses droits féodaux étaient aussi précieux qu'étendus, et le château de Mareuil passait pour un des mieux fortifiés de ceux qui défendaient le cours de la Somme.

On ne connaît pas le nom de la femme de Jehan Boutery ; le seul acte qui reste de lui, comme pour le seigneur de Bommy, se borne à le mentionner seul. Au mois de juin 1240, il vendit à messire Étienne Caudel (1) et Michelle, sa femme, toute « sa ville de le Trenchie (2) » avec ses dépendances, pour leur vie seulement, du consen-

(1) Maison de l'ancienne bourgeoisie d'Abbeville. On trouve au moyen-âge plusieurs maïeurs de ce nom. Ils avaient comme tous les bourgeois d'Abbeville, le droit de porter des armoiries, mais sans timbre.

(2) Beaucoup de villages étaient à cette époque qualifiés de villes, sans qu'on attachât à ce mot l'importance qu'il a aujourd'hui.

tement de Marie, comtesse de Ponthieu, de laquelle il tenait sa seigneurie de Mareuil (1).

III.

Thibault BOUTERY. — L'abbé Buteux, généalogiste Picard qui vivait pendant la première moitié du XVIIIᵉ siècle et qui a laissé de curieux travaux entièrement inédits, cite seulement un Thibault Bitery ou Boutery comme étant connu en Ponthieu dès l'an 1249 (2), mais il ne donne aucun autre détail, et n'ajoute même pas à son nom de qualification nobiliaire. De sorte que la position de Thibault est impossible à déterminer. Rien n'annonce donc ou ne prouve qu'il se rattachait à Jehan Boutery, sire de Mareuil.

IV.

Henri BOUTERY, seigneur de Huppy. — L'abbé Buteux est le seul qui parle de lui. Non-seulement il donne à Henry le titre de seigneur de Huppy, mais il dit qu'il était le chef de toute cette famille que nous allons retrouver établie à Huppy jusqu'en 1415 (3), et qu'il vécut de 1260

(1) Bureau des finances d'Amiens. — Trés. de D. Villevieille.

(2) Mss. de l'abbé Buteux, fᵒ 71, in-fᵒ.

(3) Mss. de l'abbé Buteux, fᵒ 71.

à 1270. Aucune preuve n'accompagnant cette allégation, elle ne vaudrait pas la peine d'être examinée, si elle ne contenait une grave erreur. Il s'agit de la possession de la seigneurie de Huppy, de 1260 à 1290, par la maison de Boutery.

Il est un fait incontestable, c'est que deux familles ne pouvaient posséder à la fois une seule et même terre. Le grand village de Huppy se divisait, dès le xiiiᵉ siècle en deux parties, Huppy-au-Bois et Huppy-à-Lattre. Il comptait en outre sur son territoire un assez grand nombre de fiefs relevant des deux Huppy qui relevaient directement eux-mêmes de la chatellenie de Mareuil. Or, la possession de l'une des deux moitiés n'entraînait aucunement avec elle le droit de se qualifier seigneur de la totalité. Cela est tellement vrai que Jehan Boutery, chevalier, n'ayant pas conservé dans toute leur intégrité les possessions féodales qui lui venaient de ses aïeux, n'était plus, en 1407, que seigneur de Huppy-à-Lattre, c'est-à-dire de la moitié du village de Huppy. Il est donc tout à fait impossible qu'Henry Boutery ait été seigneur de Huppy de 1260 à 1290, puisqu'en 1260 Hugues de Brimeu, chevalier, *dominus de Huppy*, achetait à Adam de Belleval, chevalier, et à son fils Aléaume de Belleval, un petit fief dépendant de la seigneurie de Belleval, sise à Huppy, pour accroître les biens qu'il possédait déjà sur le même territoire (1), puisqu'enfin Jean de Brimeu, chevalier, seigneur de Huppy, fils du précédent, cédait en 1266 à l'abbé et aux religieux de St-

____

(1) Chronic. centul. continuatio. auctore D. Cotron, cap. 8, § 4, lib. vi.

Riquier certains droits sur *sa terre, son fief et ses hommes de Huppy* (1). Henry Boutery n'était donc pas seigneur en partie d'une terre qui appartenait toute entière à la maison de Brimeu.

V.

Jehan BOUTERY, chevalier, est le premier du nom qui ait habité à Huppy. Un acte du mois de juin 1270 s'énonce en effet en ces termes : Esteule de Quierrieu, chevalier, sire de Mareuil, donne à *son cousin, Jehan Boutery, de Huppy*, cinq journaux de bois et la vicomté de Liercourt, en accroissement d'un fief que le même Jehan tenait au dit Liercourt (2). Il résulte de là que Jehan était le propre neveu de Jehan Boutery, sire de Mareuil, objet d'un chapitre précédent. Comment sans cela expliquer le degré de parenté qui l'unissait à Esteule de Quierrieu, le nom de cousin que celui-ci lui donne, et enfin la qualité de seigneur de Mareuil que prend le sire de Quierrieu ? Comment admettre que le Jehan Boutery de 1270 eût été fils de celui de 1240, et qu'en un espace de trente années, il eût changé une belle chatellenie contre le petit fief de Liercourt ? Non, Jehan Boutery, sire de Mareuil n'eut que des filles, peut-être qu'une fille unique, qui épousa messire

(1) Chronic. centul. déjà citée, cap. 8, § 4, lib. VI.

(2) Archives du marquis de Chepy, à Huppy, tiroir treizième. Trés. de D. Villevieille.

Esteule de Quierrieu (1), à qui elle apporta Mareuil. Elle était cousine de Jehan Boutery, de Huppy, fils d'un frère de son père. Aucune autre explication n'est possible à cet égard.

En 1298, Jehan était qualifié messire et chevalier dans un aveu qu'il rendit pour deux ou trois fiefs sis à Maisnières (2).

C'est alors qu'on rencontre ici pour la première fois le nom de Belleval accolé à celui de Boutery. Nous ne croyons pas nous écarter de notre sujet en nous arrêtant un peu sur une famille deux fois alliée à la famille de Boutery, et dont l'histoire se trouve forcément mêlée à la sienne.

La maison de Belleval, représentée encore de nos jours en Picardie, est une des plus anciennes du Ponthieu. Elle prit naissance dans ce pays et parut pour la première fois entre St-Riquier et Corbie. Dès l'an 1090 on trouve Guy et Roger de Belleval, chevaliers, frères, assistant à la fondation du prieuré de Biencourt-sur-Authie (3). De 1180 à 1200, Gauthier de Belleval est signataire de plusieurs chartes émanées des comtes de Ponthieu et des abbés de St-Riquier (4).

(1) Il ne faut pas confondre cette maison avec les Querrieux d'aujourd'hui qui sont des Gaudechart, d'une bonne noblesse du Beauvoisis. La terre de Querrieux fut érigée en marquisat en 1652, pour François de Gaudechart. Elle appartenait jadis à la maison qui nous occupe seule ici.

(2) L'abbé Buteux, f° 71.

(3) Arch. de l'abb. de Marmoutiers, chap. 1, liv. I. Recueil de Dom Martenne.

(4) Papiers de Dom Grenier et Chronic. centul. de D. Cotron. — Passim.

Cette maison forma jusqu'à quinze branches ou rameaux éteints successivement, à l'exception de la branche aînée et de celle dite du Languedoc. Transportée en Normandie de 1415 à 1530, à cause des belles seigneuries de Monfarville et de Thibouville, dans le Cotentin, acquises par le mariage de Jehan de Belleval, écuyer, seigneur du dit lieu, avec demoiselle Jeanne de Fricamps, la branche aînée y fut maintenue dans sa noblesse, en 1463, sur une preuve de quatre degrès, par Raimond Montfaut, général des monnaies, commis par Louis XI à la recherche des usurpateurs de noblesse (1); maintenue de nouveau à son retour en Ponthieu, en 1514, par Louis XII (2), elle le fut encore par arrêt du conseil d'état du 20 avril 1669 (3). Toutes les autres branches furent également maintenues tour à tour, par François Ier, le 12 juillet 1545 (4), par Henri II, le 27 août 1547 (5), par arrêt de la chambre des comptes, du 9 août 1568 (6), par Henri III, le 18 octobre 1581 (7), par arrêt de la cour des aides, du 10 juillet 1583 (8), par arrêt du conseil d'état, du 17 novembre 1668 (9), par sentence des conseillers de l'élection

(1) Mss. du cab. des titres, Bibl. imp. et voir l'édition publiée par Labbey de la Roque.

(2) Original scellé du grand sceau et signé Robertet.

(3) Original sur parchemin et Maintenue de Normandie, par Barin, marquis de la Galissonnière.

(4) Orig. sur parchemin.

(5) Orig. sur parchemin.

(6) Recueil d'arrêts de la Chambre des comptes, année 1568.

(7) Orig. sur parchemin.

(8) Orig. sur parchemin.

(9) Rec. d'arrêts du Conseil d'Etat, et Orig. sur parchemin.

2.

d'Arques, du 19 mai 1609 (1), enfin par sentences de Bignon, intendant de Picardie et commissaire pour le roi en cette province, des 11 et 18 avril, 4 octobre 1699, et du 10 décembre 1701 (2).

La généalogie suivie et bien prouvée de la maison de Belleval commence avec Martin, sire de Belleval, chevalier, qui vivait de 1200 à 1230. On y remarque plusieurs de ses membres qui portèrent successivement les titres de marquis et comtes de Belleval, marquis de Vignolles, comtes du Bois-Robin, baron de la Neufville et de Longvillers. Cette famille fournit un grand nombre de personnages de distinction, entre autres un chevalier tué à Azincourt, un écuyer d'écurie du roi Charles VII, lieutenant pour le même prince de la ville de Beauvais et gouverneur de la forteresse de Gournay-sur-Aronde; douze hommes d'armes et un enseigne de cinquante hommes d'armes des ordonnances, un gentilhomme du cardinal de Bourbon (Charles X), un capitaine des portes de Péronne, un lieutenant de Gien, deux gouverneurs de Beaucaire et de Montsullin, trois présidents de la cour des comptes de Montpellier, un lieutenant des maréchaux de France, un brigadier des gardes du corps, un gentilhomme du prince de Condé et capitaine de ses chasses, un gentilhomme de la chambre de Louis XIII, quatre chevaliers de Malte, quatre chevaliers de St-Louis, un chevalier de St-Michel, un ministre plénipotentiaire, enfin dix-huit officiers, ca-

(1) V. la Maintenue de Picardie.

(2) Maintenue de Picardie, par Bignon et de Bernage, in-f°. La plupart des pièces énumérées ci-dessus y sont citées.

pitaines de cavalerie et d'infanterie, mousquetaires et chevau-légers.

Quatre-vingt-douze familles nobles s'allièrent à la famille de Belleval, entr'autres celles de Boutery, Lisques, Mercastel, Blondel, Fricamps, du Fou, des Essarts, Louvel, Mailly, Monchy, Vignolles, Narbonne, Villevieille, du Vivier de Lansac, Bréda, Franclieu, Calonne, Dampierre, Fontaines, etc.

Ses armes sont : « de gueules à la bande d'or accompa- » gnée de sept croix recroisettées de même, quatre en chef » trois en pointe. » Un sceau de 1380 ne porte que six croix, d'autres de la même époque en montrent huit ; la branche de Senlis, éteinte à la fin du xviiie siècle, en portait un semis : mais le nombre sept a toujours prévalu. On trouve les armes blasonnées ainsi dans l'Armorial de 1406, déjà cité, à l'article du sire de Montfarville, chevalier-bachelier de Normandie, qui n'était autre que Jehan de Belleval, seigneur de Montfarville et de Thibouville (1).

Avant 1260, Adam de Belleval, fils de Martin, sire de Belleval, chevalier, vint se fixer à Huppy. Il y acquit une quantité considérable de terres auxquelles il donna son nom. Cette seigneurie, composée d'un manoir, du manage de Huppy, de cinq maisons, de terres, de cens, de rentes et de la justice, s'étendait sur Huppy-au-Bois et sur Huppy-à-Lattre (2). Malgré cela, Adam de Belleval et ses descendants furent toujours indépendants des seigneurs

(1) Armorial mss. — Bibl. impér. suppl. franç. 254-24.

(2) Acte de rachat de la seigneurie de Belleval, en 1416, par Jehan de Belleval, écuyer, seigneur dudit lieu. — Original.

2*

de Huppy. Ils relevaient de la chatellenie de Mareuil, et pour une faible partie de l'abbaye de St.-Riquier.

Adam de Belleval vivait donc en Vimeu, au premier rang, dans une position bien supérieure à celle qu'y occupait Jehan Boutery, possesseur d'un petit fief à Liercourt. Peu après son arrivée à Huppy, il y épouse demoiselle Marie Boutery. C'est de cette époque que date l'élévation des Boutery, à Huppy; nous verrons bientôt qu'ils durent encore à la maison de Belleval d'y acquérir leurs premiers droits seigneuriaux.

VI.

Estévenon BOUTERY n'est connu que par l'acte suivant : Aléaume, chevalier, sire de Brimeu, lui donne *pour Dieu et en aumône* toute la terre que ledit chevalier tenait à Grébaumesnil, excepté l'héritage de Willaume de le Cauchie (1), à la charge de la tenir en foi et hommage dudit chevalier, au mois d'août 1310 (2). Cette donation est confirmée par l'abbé de St.-Josse-sur-la-mer, seigneur dominant de Grébaumesnil.

VII.

Jehan BOUTERY, chevalier, seigneur de Huppy, était fils de Jehan Boutery (ch. v). Dès l'année 1311, on le trouve

(1) De la Chaussée d'Eu. Très-ancienne maison. — Cauchie est la traduction de Chaussée en picard.

(2) Archiv. du Mᶦˢ de Chepy, à Huppy, tiroir 11. — Tres. de d. Villevicille.

qualifié de messire et chevalier : un peu plus tard, il est dit « Noble homme et puissant seigneur monseigneur » Jehan Boutery. » Or, ces titres ne s'accordaient qu'aux grands seigneurs, d'une noblesse ancienne et incontestable.

Jehan eut un frère, Esteule Boutery, écuyer, qui mourut sans alliance, ou qui, s'il se maria, ce qu'on ignore, ne laissa pas de postérité. Jehan avait épousé demoiselle Marie de Cresecques, et cette seconde alliance ne fit que confirmer la maison de Boutery dans la haute position qu'elle tendait à acquérir de plus en plus.

La maison de Cresecques, *alias* Querecques, est originaire d'Artois et passe à bon droit pour une des plus anciennes de cette province fertile en grandes familles. La terre de Cresecques, située près de Thérouanne, a été de tout temps son domaine patronymique, et lui a sans doute donné son nom. René de Querecques, seigneur de Forceville, prévôté de Péronne, lors de la recherche des usurpateurs de noblesse faite par ordre de Louis XIV, fournit une généalogie appuyée sur des titres bons et valables jusqu'au 18 octobre 1470 ; mais, de même que beaucoup de familles qui pour éviter du travail et des frais, ne présentaient que les preuves strictement exigées par les Intendants des provinces et suffisantes pour les faire exempter de la taille, M. de Querecques ou Cresecques pouvait remonter de quatre siècles plus haut, sans rencontrer nulle part d'anoblissement, et les documents justificatifs de son assertion ne lui auraient pas fait défaut.

Dès 1318, en effet, on trouve Jean, seigneur de Cresecques, conseiller et chambellan du Roi, qui acquiert, en épousant Jeanne de Fontaines, les belles seigneuries de Long et de Longpré. Ses successeurs les conservèrent pendant six générations, jusqu'à ce qu'enfin Jeanne, dame de Cresecques, la dernière de sa branche, les portât dans la maison de Croy en épousant Jean de Croy, seigneur de Rœux, fils cadet d'Antoine de Croy, comte de Porcien. Jean de Cresecques descendait en ligne directe d'Anselme, sire de Cresecques, mort en 1191.

Aux xıvᵉ et xvᵉ siècles, les sires de Cresecques prirent une grande part aux guerres incessantes qui désolaient la France. Jean de Cresecques, chevalier, servait avec un chevalier et quatre écuyers de sa compagnie sous Monsieur de Coucy, en 1380 (1). Robert, sire de Cresecques, chevalier, recevait du Roi, en 1394, une pension de 100 livres parisis pour les services qu'il lui avait rendus (2). Jean de Cresecques mourut en Hongrie en 1496. Son frère fut écuyer échanson de Maximilien d'Autriche (3).

Les alliances des Cresecques furent toujours choisies parmi les familles de la haute noblesse picarde et artésienne, telles que les Jumelles, les Fontaines, les Croy, les Ailly, les Picquigny, les Harcourt, les Huboval, et tant d'autres qu'il serait trop long d'énumérer.

Cette maison est éteinte aujourd'hui, c'est pourquoi nous ne possédons que bien peu de documents sur elle ; nous ignorons de plus en quelles mains ses titres et papiers sont tombés. Elle portait : « d'azur à trois tierces

---

(1) Tit. scel. de Cléramb. vol. 37 fⁱᵒ 2787.
(2) Tit. scel. de Cléramb. vol. 37 fⁱᵒ 2787.
(3) Roger. Noblesse de Picardie et d'Artois.

» d'or, au chef de même. » Le chef aura sans doute été ajouté dans les derniers siècles, car quatre sceaux, un de 1374, et trois de 1380, conservés dans la collection de Clérambault, ne portent que les trois tierces (1).

Revenons aux Boutery. En décembre 1311, messire Jehan Boutery, chevalier, tenait à Maisnières un fief mouvant de ladite seigneurie et dont le seigneur, Willame de Maisnières, écuyer, fournit aveu au roi d'Angleterre comme comte de Ponthieu (2). Un an plus tard, en 1312, il habitait Abbeville. La note qui constate sa résidence dans la capitale du Ponthieu, constate également qu'il possédait des terres à Drucat (3).

La même année, enfin, le voit acquérir, à Huppy, une première parcelle du bien qu'il était réservé à ses descendants d'augmenter sans cesse. Au mois de mai, le jour de St. Honoré, 1312, Jehan achète à Pierre Gouvernel, vassal de messire Aléaume de Belleval, chevalier, le manage de Huppy, et ledit messire Aléaume, par acte scellé de son sceau, lui en donne la saisine le même jour (4). Aléaume était fils d'Adam de Belleval, chevalier, sire dudit lieu, et de demoiselle Marie Boutery : Marie était sœur du père de Jehan; Aléaume de Belleval et Jean Boutery étaient donc cousins germains. C'est. comme on le voit, aux de Belleval qu'il faut par conséquent rattacher l'installa-

(1) Tit. scel., vol. 37 f⁰ 2787.

(2) Bureau des finances d'Amiens. Cartulaire coté 5, n° 192, art. 23. Tres. de D. Villevieille.

(3) L'abbé Buteux, f⁰ 71.

(4) Archiv. du Mis de Chepy, à Huppy, tir. 13. — Trés. de D. Villevieille.

tion définitive et la grandeur naissante des Boutery à Huppy, puisque c'est d'eux qu'ils y tinrent leur premier fief.

Esteule Boutery, frère de Jehan, achète à son tour de Hue le Vicomte, un fief à Mareuil, tenu de la dite chatellenie, et il en obtient la saisine de Willaume Tyrel, chevalier, sire de Poix et de Mareuil, en juillet 1316 (1). Dix ans après, le 3 avril 1326, Willaume de Hantecourt, dit Maillet, et Jeanne de Longuemort, sa femme, se démettent entre les mains de Jehan d'Acheu, comme en main souveraine, de neuf journaux de terre qu'ils tiennent de lui à Grébaumesnil, pour en investir Esteule Boutery à qui ils les avaient vendus (2). Esteule n'est connu que par ces deux actes où il prend seulement la qualité d'écuyer. Tout gentilhomme naissait écuyer et n'acquérait l'ordre de chevalerie que par des actions d'éclat, de hauts faits d'armes ou des circonstances exceptionnelles. Ce suprême honneur, si envié et si apprécié alors, n'était donc guère obtenu que par des hommes faits. Esteule dut par conséquent mourir jeune, avant 1327, et sans alliance puisque la même année, le mercredi avant Quasimodo, son frère Jehan, en qualité de son héritier, est reconnu par Simon d'Acheu, écuyer, après information, comme ayant seul les droits de justice, de seigneurie et de four à Grébaumesnil (3). Le même jour, Jehan achète encore à Grébaumesnil, sept journaux de terre et un enclos, à Robert de

(1) Archives du marquis de Chepy, tir. 3. — Trés. de D. Villevieille.

(2) Ibid., tir. 2.

(3) Ibid., tir. 2.

Grébeaumesnil, demeurant à Aigneville ; ce dernier était vassal de Simon d'Acheu qui confirme la vente (1).

Non content de ses acquisitions successives, Jehan Boutery ajoute aux sept journaux provenant de Robert de Grébaumesnil trois autres journaux tenant, d'un bout aux sept premiers, et de l'autre au bien de Jehan d'Acheu, écuyer ; Jehan d'Acheu les lui vend pour trente-une livres parisis. Le contrat de vente, du 26 janvier 1340, donne à Jehan Boutery les titres de « noble homme et puissant seigneur monseigneur (2). »

La dernière pièce où on le trouve mentionné est une vente qu'il fit à Henri de Caumont, écuyer, demeurant à Caumont, de six journaux de terre sis au dit lieu, tenus en fief de « hault homme et noble monseigneur Jehan, seigneur de Poix et de Mareuil, » le lundi après la St-Barnabé, 1353 (3). Jehan est devenu feudataire de la chatellenie de ses ancêtres, mais il est enfin seigneur de Huppy, la plus belle seigneurie du Vimeu après Mareuil. Il doit à Jehan Tyrel des redevances singulières, il faut qu'une fois l'an, il fasse baisser les pont-levis et lever les herses de son château, pour que Tyrel, en chasse, à cheval, précédé de sa meute, entouré de ses valets et de ses écuyers, traverse la salle des gardes à la poursuite du gibier ; mais comme lui il a les éperons d'or, comme lui il est « monseigneur, noble homme et puissant seigneur ; » le vassal marche l'égal de son suzerain.

(1) Archives du marquis de Chepy, tir. 2. — Trés. de D. Villevieille.
(2) Ibid., tir. 2.
(3) Ibid., tir. 13.

Jehan mourut en 1354, laissant de Marie de Cresecques, deux fils, Jehan et Pierre qui suivront, et une fille, demoiselle N. Boutery, qui épousa Perceval de Belleval, écuyer. Perceval vivait en 1361, il est nommé avec Pierre de Belleval, son frère, comme possédant à Huppy des terres auprès du fief d'Aisseu que Jehanne de Belleval, leur sœur, vendit en 1361 à son neveu Jehan du Bos, écuyer (1).

VIII.

On ignore l'époque de la naissance de Jehan Boutery. En 1354 il était encore mineur et sous la tutelle de sa mère lorsqu'elle avoua en son nom tenir de l'abbaye de St-Riquier tous les biens qui lui venaient d'Alard du Fresnoy et qui avaient été achetés à ce dernier en 1279, par Jehan Boutery, son aïeul (2).

Dès 1369, Jehan, devenu chevalier, prit une part active aux guerres entre la France et l'Angleterre. Il guerroyait à cette époque sous les ordres de Guy de Haucourt, gouverneur du Ponthieu, avec deux écuyers, c'est-à-dire Pierre Boutery, son frère, et Jehan du Bos, qui était devenu son allié en épousant, avant 1361, une demoiselle de Belleval. En 1378 il assistait au siége de Pont-Audemer avec quatre écuyers parmi lesquels on remarque Jehan

(1) Archiv. de la maison de Belleval et aussi Trés. de D. Villevieille.
(2) Cartul. de l'abb. de St-Riquier, f° 260. — D. Villevieille.

Boutery, fils de son frère Pierre, et Hérouart de Belleperche, son beau-frère. Enfin en 1380 il servait avec son
même neveu dans la compagnie de leur parent, messire
Jean de Cresecques, chevalier.

Tous les documents de cette nature étant rédigés unifor-
mément, nous rapporterons ici ceux que l'on pourrait
appeler les états de service de Jehan Boutery, comme un
curieux spécimen des quittances et des montres du XIVe et
du XVe siècles, du prix auquel les gentilshommes estimaient
leurs services :

« La monstre de mess. Jehan Boutery, chl'r, et deux
» escuiers en sa comppaignie receuz à Abbeville, le IXe
» jour de decembre l'an mil CCC LXIX nuef soubz mons. Guy
» de Hocourt, chl'r, et soubz le gouv̄nem̄t de Mons. le
» comte de St.-Pol,

> » Led. mess. Jehan Boutery, ch. bay (1).
> » Pierre Boutery,   ch. ḡ s.
> » Jehan du Bos,   ch. morel.

» Sachent tuit que nous Jehan Boutery, sire de Hupy-
» à Latre, chl'r, confessons avoir eu et receu de Estienne
» Braque, t̄sor. des guerres du Roy n̄res. la s̄me de
» trente livres tournois en francs XX s̄. t. piece en prest
» sur les gaig. de nous et deux escuiers de n̄re compaig.
» dess̄viz et à dess̄vir en ces p̄ntes guerres soubz mons.
» Guy de Hocourt, gouv. de Pontieu et soubz le gouv̄nem̄t
» de mons. de St Pol. De laquelle s̄me de XXX l. t. dess.
» d̄te nous nous tenonz pour contens et b̄n paie. Donne

____

(1) Pour cheval. Les abréviations étaient alors très-usitées, et celle-
ci, entre autres, était employée constamment dans les montr...

» à Abbeville soubz n͞re scel le XIIIIe jour de decembre
» l'an mil CCC LXIX (1). »

(sceau en cire rouge. Voir la planche).

« La montre mess. Jehan Boutery, ch'l͞r et quatre es-
» cuiers de sa comp. receue p. nous au Pont de mer (2),
» le p͞mier jour de may de lan M CCC LXXVIII (3).

» Led. ch'l͞r.

—

» ESCUIERS

» Jeh. Boutery.
» Hérouart de Belleperche.
» Jehan Marchis.
» Baudet Huet.

» Saichent tuit que nous Jeh. Boutery, ch'l͞r, confes-
» sons avoir eu et receu de Estienne Fonicant, recev. des
» aid. de la g͞re ou dyoc. de Lisieux et co͞mis a recevoir
» la finance orden. pour le paiem͞t des gens d'armes et
» arbal͞ts estant au siege dev͞t le chastel de Pontaude-
» mer, la so͞me de quatre vins dix francs d'or en prest sur
» les gaiges de nous et IIII escuiers ho͞mes d'armes en
» n͞re compaignie dess͞vis et a dess͞vir ou s͞vice du Roy
» n͞res. aud. siege en la comp. et sous le gouv͞nem͞t de
» mons. Jehan de Vienne, admiral de France, capitaine
» illec ordené; de laq͞lle so͞me de IIII^{xx} x fr. dor dess͞dte,
» je me tieng p͞r content et b͞n paie et en q te le Roy n͞re

(1) Original. Dossier Boutery. Cabinet des titres, à la Bibl. imp.
(2) Pont-Audemer.
(3) Original. Dossier Boutery. Cabinet des titres, à la Bibl. imp.

» dit seigneur, ledit recev. et tout aut. a qui quitt. en
» appᵗient. Donne aud. lieu du Pont Audemer sous nᵗre
» scel le xᵉ jour de may lan mil CCC LXXVIII (1). »

(Le sceau manque).

« La montre de mess. Jehan de Cresecques, chᵛlᵗr, un
» aut. chᵛlᵗr et quatre escᵗrs de sa compaignie reveuz à
» Corbeuil le pᵗmier jour de septembre lan M CCC IIII ˣˣ (2).

> » Led. mess. Jehan.
> » Mess. Jehan Boutery.
> » Jehan Boutery.
> » Thomas de Thiembronne.
> » Pierre de Tilloy.
> » Guill. Louvel. »

Jehan Boutery figura dans un grand nombre d'autres actes que nous allons énumérer.

En 1380 « Monseigneur Jehan Boutery, chevalier, sei-
» gneur de Huppy, » est cité comme tenant à Miannay un fief dépendant de celui que Raoul le Prévost, écuyer, tenait au même lieu de Monseigneur Witasse, sire de Ponches et de Ligescourt, chevalier, dans l'aveu et dénombrement de la seigneurie et pairie de Ponches que Witasse présenta au Roi, à cause du bailliage de Crécy (3).

« Monseigneur Jehan Boutery, chevalier, » avait à la Bouvaque un fief de la seigneurie et pairie de Villers-sur-

---

(1) Original. Dossier Boutery. Cabinet des titres de la Bibl. imp.

(2) Tit. scellés de Cléremb. vol. 37, fᵒ 2787.

(3) Bureau des finances d'Amiens. Cartul. de Crécy, nᵒ 190, fᵒ 122. — Trés. de D. Villevieille.

Authie que Rogues de Soissons, chevalier, sire de Moreuil et d'Esquennes, comme tuteur de demoiselle Colaye de Moreuil, sa nièce, avoua tenir du Roi à cause de son bailliage de Rue-en-Ponthieu, le 22 juin 1381 (1).

Le 6 septembre de la même année, « Messire Jehan » Boutery, chevalier, seigneur de Huppy, » possédait un fief-lige de la seigneurie de Maisnières que Jehan du Cœurret, écuyer, seigneur dudit lieu, fils et héritier de demoiselle Isabelle, elle-même fille et héritière de feu « Monseigneur Jehan de Maisnières, chevalier, » avoua tenir en fief du comte de Ponthieu, à cause du bailliage d'Abbeville (2).

La puissante et riche abbaye de Corbie avait déjà alors à Maisnières les droits étendus dont elle jouissait encore au xviie siècle. Le pouvoir naissant de Jehan Boutery devait lui porter ombrage. Le clergé, jaloux de la noblesse, ne laissait pas échapper une occasion de lutter énergiquement contre les empiètements des seigneurs, forts de leurs priviléges et du besoin qu'on avait de tout ce qui portait un blason sur la poitrine et une vaillante épée au côté. Dès 1395, en effet, c'est-à-dire dès que Jehan Boutery paraissait à Maisnières, il était engagé dans un procès avec l'abbé de Corbie, et passait un compromis, le 9 avril avec son fondé de pouvoir (3). Le premier pas vers

(1) Bureau des finances d'Amiens. Cartul. de Rue, n° 189, f° 66. — Trés. de D. Villevieille.

(2) Bureau des finances d'Amiens. Cartul. d'Abbeville, n° 187, f° 186. — Trés de D. Villevieille.

(3) Cartulaire de Corbie, intitulé Maisnières, page 48.— Trés. de D. Villevieille.

un accommodement n'empêcha pas les parties de recommencer la lutte. Les différents portaient cette fois sur la justice, les dîmes et les terres de Maisnières, autant dire sur les droits les plus importants, sur la seigneurie elle-même. Une seconde intervention devint nécessaire. Le 27 janvier 1396, « Noble Monseigneur Jehan Boutery, » chevalier, seigneur de Huppy, vicomte de Maisnières, » transigea définitivement avec l'abbaye de Corbie (1). Aucun des deux ne put se dire vainqueur; cependant la balance semble avoir penché en faveur de Jehan, puisque du procès sortit pour lui le titre de vicomte de Maisnières qu'il ne portait pas auparavant.

En 1396, Jehan, seigneur en partie de Grébaumesnil, à son tour cherche querelle à son voisin Jehan d'Acheu, écuyer, prêtre, seigneur de l'autre moitié du même village. Il fait abattre « sans raison et contre justiche » une haie que Jehan d'Acheu avait planté sur son terrain, autour de son héritage « pour le garantir des bêtes et pour » son plaisir. » Celui-ci s'en plaignit le 6 mars de la présente année (2).

Le 31 mars suivant, Jehan Boutery transigea avec Jehan d'Acheu. Il déclara que l'action d'avoir fait couper la haie ne signifiait pas qu'il prétendit contester la seigneurie de Grébaumesnil, ni porter préjudice aux droits de Jehan d'Acheu (3).

---

(1) Archiv. de Corbie, arm. 3, liasse 33, n° 6. — Trés. de D. Villevieille.

(2) Archiv. du Mis de Chepy, à Huppy, tir. 2. — Trés. de D. Villevieille.

(3) Ibid.

Jehan avait invoqué, dans ces deux occasions, la justice légale à une époque où les gentilshommes en appelaient à leur épée pour vider leurs querelles, et où il n'était pas rare de les voir, réunissant autant d'hommes d'armes qu'ils en pouvaient payer, se livrer de véritables batailles rangées et désoler tout un pays pour venger l'injure d'un seul. Aussi Jehan ne s'en tint-il pas toujours là, et se mit-il dans le cas de demander au Roi, en 1395, des lettres de rémission, lettres qui, il faut l'avouer, n'étaient guère refusées, et qui lui furent accordées aussitôt (1).

En 1400, il acheta à Fremin Cambet, un fief nommé la vicomté de Cambet, sis à Menchecourt-lès-Abbeville (2). En 1403, il présenta Pierre de Bicelles pour occuper cette vicomté avec le titre de son lieutenant (3). Pierre était lui-même remplacé, en 1405, par Jehan Aclimenche sur la proposition de « Messire Jehan Boutery, chevalier, vi-
» comte de Maisnières et de Cambet, seigneur de Hup-
» py (4). »

En 1407, le 15 mai, Colart le Poultier servit à « son
» cher seigneur Monseigneur Jehan Boutery, chevalier,
» seigneur de Huppy-à-Latre, vicomte de Maisnières et de
» Cambet » un aveu pour un fief noble assis à Huppy qu'il tenait de lui (5).

(1) Trés. des chartes, registre 147, années 1394-1395. — Archiv. de l'Empire.

(2) L'abbé Buteux, f° 72.

(3) L'abbé Buteux, f° 72.

(4) L'abbé Buteux, f° 72.

(5) Archiv. du Mis de Chepy, tir. 4. — Trés. de D. Villevieille.

Jehan mourut peu après, entre 1407 et la fin de 1409, puisqu'au mois de janvier 1410, Charles Boutery, son fils, lui succédait dans toutes ses terres et seigneuries.

Il avait épousé, mais on ignore à quelle époque, une demoiselle de Belleperche, fille de messire Robillart de Belperche, chevalier, et de demoiselle N. de Croquoison (1). La maison de Belleperche, originaire d'Artois, a fort paru aux xiv⁰ et xv⁰ siècles. Elle descend de Jehan de Belleperche et d'Hérouart de Belleperche qui se distinguèrent à la première croisade : plusieurs seigneurs de Belleperche sont cités avec éloges dans les chroniques de Froissard et de Monstrelet. Cette famille s'éteignit au moyen-âge.

Jehan Boutery laissa un fils, Charles, et deux filles. Pierre, son frère, écuyer, seigneur de Grébaumesnil en partie, fit peu parler de lui. Il avoua, le 18 mai 1377, tenir sa seigneurie en fief du comte de Ponthieu, à cause du château d'Abbeville (2). En 1360, comme on l'a vu plus haut, il servait sous les ordres de son frère aîné. De sa femme dont le nom est inconnu, il eut un fils, Jehan. — Celui-ci était écuyer dans la compagnie de son oncle, en 1378. En 1380, il servait en cette qualité sous Jehan de Cresecques, chevalier. Il était qualifié de messire et de chevalier dans l'aveu que Hue, sire de Famechon et de Moufflers, chevalier, seigneur de Millencourt, servit pour ladite seigneurie à l'abbé de St.-Riquier, le 16 mars 1408 ; il y comparaissait comme tenant un fief à Millencourt,

(1) L'abbé Buteux, f⁰ 72.

(2) Bureau des finances d'Amiens, registres des fiefs d'Abbeville, n⁰ 187, f⁰ 36. Trés. de D. Villevieille.

au lieu de Jehan Pilleveche, à cause de Jehanne de
Cauberch, sa femme (1).

De son mariage avec Jehanne de Cauberch, Jehan n'eut
qu'une fille, Jehanne Boutery, qui épousa Robert de Baynast, seigneur de la Houppilière et d'Applaincourt.

La maison de Baynast, qui existe encore, est ancienne
en Ponthieu. On la croit originaire de Baynast, près Huppy, à qui elle emprunta son nom. Elle comptait au rang de
la noblesse dès le commencement du XIVᵉ siècle. Aléaume
de Baynast tenait à cette époque un fief noble de l'évêque
d'Amiens (2). Le 1ᵉʳ septembre 1337, Pierre et Gosselin de
Baynast comparurent montés et armés à la convocation
des nobles du bailliage d'Amiens faite pour la guerre, par
l'ordre de Philippe de Valois (3). Messieurs de Baynast
prirent alliance dans les familles de Béthisy, Récourt, Fa-
vier du Boulay, le Bel, la Pasture, Wavrin, Bucy-Se-
lonne, Ault, le Vasseur, Lamiré, etc. Ils ont justifié de
leur noblesse et prouvé une filiation suivie depuis le 1ᵉʳ
mars 1470, vivant Robert de Baynast, écuyer, seigneur
des Mazures, et furent confirmés par arrêt du Conseil
d'État du 27 août 1666, et par jugement de Bignon, intendant de Picardie, du 20 juin 1699 et du 18 février 1702.
Leurs armes sont « d'or au chevron abaissé de gueules,
» surmonté de trois fasces de même. »

____

(1) Archiv. de l'abb. de St.-Riquier, livre rouge, fº 149.

(2) Noblesse et chevalerie de Picardie. 1 vol.

(3) D. Grenier, tom. IV, paquet 1ᵉʳ, art. 4.

IX.

Charles Boutery devait jouir à peine de l'héritage de son père. Cependant une importante série d'actes marque sa carrière que vint terminer trop tôt une mort glorieuse dont nous parlerons en son temps.

En 1410, le 30 janvier, « noble homme Charles Boutery, » écuyer, » relève sa terre de Huppy comme fils et héritier de feu messire Jehan Boutery, chevalier. Il paie en même temps le relief d'un fief assis au territoire de Mareuil, mouvant de « noble et puissante dame Madame de Poix, » de Tours et de Mareuil, » à cause de son douaire (1). Le lendemain, il paie quatre livres de relief et de « cam- » bellage » pour son fief de Grébaumesnil tenu du Roi à cause de sa comté de Ponthieu. Les lettres de relief cons- tatent que Grébaumesnil avait appartenu d'abord à Pierre Boutery, écuyer, et que Charles le tenait de son père qui l'avait hérité lui-même de Pierre (2).

Colart le Poultier, le même qui avait servi, en 1405, à Jehan Boutery un aveu d'un fief noble sis à Huppy-à-Lattre, le renouvella, le 8 mars 1410, à « son cher sei- gneur Monseigneur Charles Boutery, écuyer, seigneur de Huppy-à-Lattre (3). » Enfin, le 9 mai suivant, Charles Boutery paya le relief du fief de Lattre assis à Huppy,

(1) Archiv. du Mis de Chepy, tir. 13. — Trés. de D. Villevieille.
(2) Ibid. tir. 2.
(3) Ibid. tir. 4.

à cause duquel il avait le patronage de l'église du dit lieu. Il tenait ce fief du prieuré de St-Pierre d'Abbeville (1).

L'année 1411 est moins fertile en documents. On ne trouve à cette date que deux pièces, deux aveux. Le premier est du 26 avril. Jehan le Moictier, écuyer, demeurant à Onicourt, avoue tenir, à cause de dame Marguerite, sa femme, noblement en fief et en hommage de bouche et de main, de « noble et puissant seigneur Monseigneur Charles Boutery, écuyer, seigneur de Huppy et vicomte de Maisnières » trois journaux de terre à Huppy (2). Le second aveu, du 24 décembre, est un hommage pour un petit fief dépendant de Huppy (3). Le nom du vassal est demeuré inconnu.

En 1412, Charles Boutery reçut la chevalerie, et fut nommé chambellan du duc de Bourgogne.

Il comptait, en 1413, un Rambures au nombre de ses feudataires ; celui-ci, Jehan dit Flameng, écuyer, seigneur de Moyenneville et d'Oizencourt, tenait de lui en foi et hommage un fief situé à Huppy ; dans son aveu du 21 septembre, il le nommait « noble homme son cher seigneur Monseigneur Charles Boutery (4). »

Le 15 novembre, Charles « ascensa » trois journaux de terre à Grébaumesnil. L'acte rapporte tous les titres énumérés plus haut, c'est-à-dire, chevalier, vicomte de Maisnières et de Cambet, seigneur de Huppy, et chambellan du duc de Bourgogne ; il constate, en outre, par le sceau qui

(1) Archives du Mis de Chepy, tir. 2. — Trés. de D. Villevieille.
(2) Ibid. tir. 4.
(3) Ibid. tir. 4.
(4) Ibid. tir. 3

y est appendu , que Charles, comme ses ancêtres , portait pour armes trois bouteilles sur le champ de son écu (1).

Il comparaît comme tenant la vicomté de Maisnières, de Raoul de Maisnières, écuyer, dans un aveu que celui-ci servit au duc de Lorraine pour son comté de Ponthieu (2).

Obéissant au « mandement » adressé par le roi aux seigneurs de Picardie, le 20 septembre 1415, Charles s'était joint à l'armée qui poursuivait le roi d'Angleterre , et qui espérait en finir en une seule fois avec ces voisins détestés. Le vendredi 25 octobre 1415 fut livrée la sanglante bataille d'Azincourt qui porta la désolation dans tout le royaume. L'élite de la noblesse française et surtout de la noblesse picarde resta sur le champ de bataille. Charles Boutery fut tué , à ses côtés tombèrent son parent, messire Baudin de Belleval, chevalier, qui, plus malheureux que Charles , laissait une veuve et un fils en bas-âge , le seigneur de Mareuil, messire Loys de Baussault , messire Hutin Quiéret, Le Bègue de Cayeux et son frère Payen, messire Enguerrand de Fontaines et son frère messire Charles , le seigneur de Béthencourt, le seigneur de Beaurain , Bertrand de Belloy, Thiébaut de Fay, Hue des Auteulx, le seigneur de Cauroy et son frère , messire Guy Gourle et Jehan Gourle , son frère , Simon de Monchiaux , le vicomte de Domart, tous gentilshommes du Ponthieu , que Monstrelet classe parmi « les grands seigneurs des marches de Picardie (3) »

(1) Archives du Mis de Chepy, tir. 2. — Trés. de D. Villevieille.

(2) Cartul. de Corbie, intitulé Maisnières, p. 104. — Tr. de D. Villev.

(3) Chronique de Monstrelet, publiée par la société de l'Histoire de France, t. 3, chap. CLXIX, p. 119.

Charles Boutery ne s'était pas marié. Il fut le dernier mâle de sa race. Ses biens passèrent à sa sœur Jehanne, qui épousa en premières noces Henry de Tilly, écuyer. Elle vendit, le 13 mars 1424, à l'abbaye de Corbie pour quatre-vingts écus d'or, le fief de la vicomté de Maisnières tenu noblement et en plein hommage de Raoul, écuyer, seigneur de Maisnières (1). Cette pièce prouve qu'Henry de Tilly résidait à Huppy, dont il était seigneur par sa femme. Quatre ans auparavant, en 1420, « Jehanne, damoiselle de Huppy, vicomtesse de Maisnières » comme héritière de son frère « messire Charles Boutery, seigneur des dits lieux, » avait aliéné, en s'y réservant la justice, une maison sise à Menchecourt, qui faisait partie de la vicomté de Cambet (2).

Jehanne épousa en secondes noces Jehan de Caumont, écuyer, dont elle eut une fille nommée Jehanne, comme elle. Celle-ci, héritière de Huppy, y céda, le 24 février 1449, deux masures au curé, en fondant quatre obits annuels pour le repos de l'âme de feu messire Jehan Boutery, son grand-père (3). Elle épousa avant 1460, Pierre de Haucourt, écuyer, seigneur de Caumont, qui devint par son mariage seigneur de Huppy et du fief Dugardin à Liercourt dont il servit un dénombrement au sire de Poix, à cause du château de Mareuil, le 1er février 1463.

La maison de Boutery était éteinte.

(1) Hist. du canton de Gamaches, par Darsy, Mémoires de la Société des Antiquaires de Picardie, t. xv, p. 257.

(2) L'abbé Buteux, f° 72.

(3) Archives du Mis de Chepy, tir. 5. — Trés. de D. Villevieille.

MEMBRES DE LA FAMILLE

que l'on n'a pu rattacher directement à la généalogie.

Jehan BOUTERY , écuyer , seigneur en partie de Bray. — Il avait dénombré, le 8 août 1372 , un fief assis à Francières qu'il tenait, à cause de sa femme, de Jehan de Bais, chevalier , seigneur du dit lieu, de Pont-Remy et de Coquerel. Jehan de Bais comprit ce fief dans l'aveu qu'il fit de sa pairie de Pont-Remy au comte de Ponthieu , le 24 décembre 1377 (1).

Eustache BOUTERY. — Il reçut , en 1400 , des lettres de rémission du roi de France (2).

Clemenche et Willame BOUTERY demeuraient à Abbeville en 1415 (3).

Simon BOUTERY. — Il reçut des lettres de rémission du roi de France en 1407 (4).

Mahieu BOUTERY. — Il épousa , en 1437 , demoiselle Nicaise , fille naturelle de feu Éloy de Monchy. On le croit lui-même bâtard. Toujours est-il qu'il ne portait aucune qualification noble. — Jehan de Pamotes et Jehanne de Monchy , sa femme , fille de feu Éloy , cédèrent aux nouveaux mariés, le 27 juin de la même année, le fief d'Hellebecques tenu de l'abbaye d'Auchy, à cause de la seigneurie

(1) Bureau des finances d'Amiens, cartul. d'Abbeville, n° 187, f° 1. — Trés. de D. Villevieille.

(2) Trés. des chartes, arch. de l'Emp., reg. 155.

(3) L'abbé Buteux, f° 72.

(4) Trés. des chartes, arch. de l'Emp., reg. 162.

de Werchin, au lieu de huit livres de rente, qui leur avaient
été constituées le jour de leur mariage (1). Mahieu Boutery,
Nicaise de Monchy, sa femme, et Rasset Boutery, leur
fils et héritier, vendirent le fief d'Hellebecque, moyennant
178 l. 10 s. 6 d. Avec cette somme ils acquirent d'autres
biens de Jehan de Crespieul, prêtre, demeurant à Rolan-
court. — L'abbé d'Auchy, seigneur d'Hellebecque, en fit
le retrait féodal, le 13 novembre 1458, par acte passé
devant le bailli et les hommes de fief de l'abbaye, à Werchin ; au nombre des sceaux pendant à cette pièce, on
remarquait, dit Dom Villevieille, celui de Jehan d'Estrées
qui portait : écartelé au 1er et 4e un aigle éployé brisé d'un
filet mis en bande, au 2e et 3e, trois fasces (2).

Au XVIe siècle le nom de Boutery avait à jamais disparu.

(1) Arch. de l'abbaye d'Auchy, boîte Werchin. — Trés. de D. Villevieille.

(2) Ibid.